		憲仁親王《のりひとしんのう》（のちの高倉天皇《たかくらてんのう》）が生《う》まれる
一一六四	四十七さい	厳島神社《いつくしまじんじゃ》に平家納経《へいけのうきょう》をおさめる 後白河上皇《ごしらかわじょうこう》に命《めい》じられ蓮華王院《れんげおういん》をたてる
一一六七	五十さい	二月《がつ》、太政大臣《だいじょうだいじん》になる。五月《がつ》、太政大臣《だいじょうだいじん》をやめる
一一六八	五十一さい	病気《びょうき》になり、出家《しゅっけ》する。高倉天皇《たかくらてんのう》が即位《そくい》する。福原《ふくはら》（いまの神戸《こうべ》）に雪見御所《ゆきみごしょ》をたて、厳島神社《いつくしまじんじゃ》の再建《さいけん》や日宋貿易《にっそうぼうえき》の拡大《かくだい》につとめる
一一七一	五十四さい	むすめの徳子《とくこ》が高倉天皇《たかくらてんのう》にとつぐ
一一七三	五十六さい	大輪田泊《おおわだのとまり》の修築《しゅうちく》をおこなう
一一七七	六十さい	鹿ケ谷《ししがたに》の陰謀《いんぼう》がおこる
一一七八	六十一さい	言仁親王《ときひとしんのう》（のちの安徳天皇《あんとくてんのう》）が生《う》まれる。七月《がつ》、長男《ちょうなん》・重盛《しげもり》がなくなる
一一七九	六十二さい	十一月《がつ》、福原《ふくはら》から軍《ぐん》をひきいて京都《きょうと》へいき、後白河法皇《ごしらかわほうおう》を鳥羽殿《とばどの》にとじこめる
一一八〇	六十三さい	六月《がつ》、福原《ふくはら》に都《みやこ》をうつす。八月《がつ》、源頼朝《みなもとのよりとも》が兵《へい》をあげる 十月《がつ》、孫《まご》・維盛《これもり》が富士川《ふじがわ》の戦《たたか》いでやぶれる 十一月《がつ》、都《みやこ》を京都《きょうと》にもどす 十二月《がつ》、重衡《しげひら》が興福寺《こうふくじ》や東大寺《とうだいじ》などを焼《や》く
一一八一	六十四さい	病気《びょうき》のため、京都《きょうと》でなくなる

この本《ほん》について

『よんで しらべて 時代《じだい》がわかる ミネルヴァ日本《にほん》歴史《れき し》人物伝《じんぶつでん》』シリーズは、日本《にほん》の歴史上《れきしじょう》のおもな人物《じんぶつ》をとりあげています。

前半《ぜんはん》は史実《しじつ》をもとにした物語《ものがたり》*になっています。有名《ゆうめい》なエピソードを中心《ちゅうしん》に、その人物《じんぶつ》の人生《じんせい》や人《ひと》がらなどを楽《たの》しく知《し》ることができます。

後半《こうはん》は解説《かいせつ》になっていて、人物《じんぶつ》だけでなく、その人物《じんぶつ》が生《い》きた時代《じだい》のことも紹介《しょうかい》しています。物語《ものがたり》をよんだあとに解説《かいせつ》をよめば、より深《ふか》く日本《にほん》の歴史《れきし》を知《し》ることができます。

歴史《れきし》は少《すこ》しにがてという人《ひと》でも、絵本《えほん》をよんで楽《たの》しく学《まな》ぶことができます。歴史《れきし》に興味《きょうみ》がある人《ひと》は、解説《かいせつ》をよむことで、さらに歴史《れきし》にくわしくなれます。

＊物語《ものがたり》では「平氏《へいし》」のことを「平家物語《へいけものがたり》」などでしたしまれている「平家《へいけ》」とかいています。

■解説《かいせつ》ページの見《み》かた

人物《じんぶつ》についてくわしく解説《かいせつ》するページと時代《じだい》について解説《かいせつ》するページがあります。

文中《ぶんちゅう》の青《あお》い文字《もじ》は、31ページの「用語解説《ようごかいせつ》」で解説《かいせつ》しています。

写真《しゃしん》や地図《ちず》など理解《りかい》を深《ふか》める資料《しりょう》をたくさんのせています。

「もっと知《し》りたい！」では、その人物《じんぶつ》にかかわる博物館《はくぶつかん》や場所《ばしょ》、本《ほん》などを紹介《しょうかい》しています。

「豆《まめ》ちしき」では、人物《じんぶつ》のエピソードや時代《じだい》にかんする基礎知識《きそちしき》などを紹介《しょうかい》しています。

よんでしらべて時代がわかる
ミネルヴァ 日本歴史人物伝

平氏の黄金期をきずいた総大将

平清盛《たいらのきよもり》

監修 木村 茂光
文 西本 鶏介
絵 きむら ゆういち

もくじ

ミネルヴァ書房

平家《へいけ》でなければ人《ひと》にあらず

平清盛《たいらのきよもり》は一一一八年《ねん》（元永元年《げんえいがんねん》）、平家《へいけ》の総大将平忠盛《そうだいしょうたいらのただもり》の長男《ちょうなん》として生《う》まれました。おさないときからかしこく、思《おも》いやりのある子《こ》どもだったので、だれからもかわいがられました。忠盛《ただもり》には六人《にん》の男《おとこ》の子《こ》がいました。しかし、「わしのあとつぎは清盛《きよもり》のほかはいない」といって、特別《とくべつ》にたいせつな子《こ》として育《そだ》てました。

　このころは、貴族《きぞく》にかわって、武力《ぶりょく》のあるさむらいたちが朝廷《ちょうてい》へつかえるようになり、そのさむらい集団《しゅうだん》の代表《だいひょう》が平家《へいけ》と源氏《げんじ》でした。どちらも上皇《じょうこう》（くらいをゆずった天皇《てんのう》）や天皇《てんのう》の側近《そっきん》として、政治《せいじ》にまでかかわりました。

　当時《とうじ》の権力者《けんりょくしゃ》である鳥羽上皇《とばじょうこう》の信頼《しんらい》があつかった忠盛《ただもり》のおかげで、清盛《きよもり》はわずか十二さいで、左兵衛佐《さひょうえのすけ》という、御所《ごしょ》（天皇一族《てんのういちぞく》のすまい）の門《もん》をまもる役《やく》をあたえられました。そして、十八さいのときには父《ちち》にしたがって瀬戸内海《せとないかい》の海賊退治《かいぞくたいじ》にでかけ、はなばなしい活《かつ》やくをしたというので、従四位下《じゅしいのげ》のくらいをあたえられ、二十九さいで安芸守《あきのかみ》に任命《にんめい》されました。

そのはやい出世《しゅっせ》をあとおししたのは、もちろん忠盛《ただもり》で、平家《へいけ》のあとつぎとしてだれもが注目《ちゅうもく》するようになりました。しかし、清盛《きよもり》にはもともと総大将《そうだいしょう》にふさわしい実力《じつりょく》があり、人《ひと》をひきつけずにはおかない人間的《にんげんてき》み力《りょく》がありました。

家来《けらい》が失敗《しっぱい》をしてもけっして腹《はら》をたてず、「だれにだってあやまちはある」といって、ゆるしてあげました。清盛《きよもり》をなぐさめようとして、おともの家来《けらい》がおもしろくない冗談《じょうだん》をいっても、わざと腹《はら》をかかえてわらってあげました。身《み》のまわりの世話《せわ》をするさむらいがつかれてねむっていると、「おこすのはかわいそうだ」と、そのまま、目《め》がさめるまでねかせてあげました。

「人《ひと》を動《うご》かすのは力《ちから》だけではない。この人《ひと》のためなら、いのちをすててもおしくない、と思《おも》わせること。」

これが子《こ》どものときから清盛《きよもり》が心《こころ》がけてきたことでした。自分《じぶん》につくしてくれるものにはどこまでもやさしく、どれほど身分《みぶん》がちがっても相手《あいて》の気持《きも》ちをたいせつにしました。だからこそ平家《へいけ》のさむらいたちは、だれもが清盛《きよもり》をしたい、清盛《きよもり》につくそうとつとめたのです。貴族《きぞく》たちにも気《き》をくばり、つねに敵《てき》をつくらないように心《こころ》がけました。だからといって人《ひと》のいいなりになるのではなく、いざというときは断固《だんこ》として自分《じぶん》の意思《いし》をつらぬき、けっしてひきさがることはありませんでした。

あるとき、比叡山延暦寺《ひえいざんえんりゃくじ》（滋賀県《しがけん》）の僧兵《そうへい》たちがみこしを先頭《せんとう》に御所《ごしょ》へむかっておしよせてきました。僧兵《そうへい》というのは寺社《じしゃ》をまもるためにやとわれている武装《ぶそう》したお坊《ぼう》さんのことで、その乱暴《らんぼう》なふるまいは朝廷《ちょうてい》や貴族《きぞく》たちにもおそれられていました。

「鳥羽法皇《とばほうおう》（出家《しゅっけ》した上皇《じょうこう》）はわれら僧兵《そうへい》を追放《ついほう》せよと命《めい》じられたそうだが、とんでもない。われらを敵《てき》にするものは、だれであろうとたたきつぶしてくれるわ。それをつたえるためにやってきた。はやく門《もん》をあけろ。」

みこしの先頭《せんとう》にいる僧兵《そうへい》が、いいました。

しかし、門《もん》をまもっている平家《へいけ》のさむらいたちも負《ま》けてはいません。

「平家一門《へいけいちもん》のめいよにかけても、これより先《さき》へは通《とお》さぬ。さっさともどれ。」

「ならば、ここへみこしをおいてゆく。みこしにふれたものはきっと神罰《しんばつ》があたろうぞ。」

僧兵《そうへい》たちは御所《ごしょ》の門《もん》の前《まえ》にみこしをおろして、かん声《せい》をあげました。神罰《しんばつ》があたるといわれては、みこしにふれることもできません。さすがの平家《へいけ》のさむらいたちも顔《かお》をみあわすばかりです。そのとき、よろいをきて、弓《ゆみ》をかかえた清盛《きよもり》が白《しろ》い馬《うま》にのってかけつけてきました。

「身《み》がってなふるまい。この清盛《きよもり》がゆるさぬ！」

さけぶなり、馬上《ばじょう》からみこしめがけて矢《や》を放《はな》ちました。矢《や》はみごとみこしの屋根《やね》につきささりました。

「な、なにをする！」

僧兵《そうへい》たちが、おこりました。

「みこしをかついで、とっとと消《き》えろ！　ぐずぐずしていると、きさまらのいのちはないぞ。」

清盛《きよもり》は僧兵《そうへい》たちに矢《や》をむけました。

「神《かみ》のおそれも知《し》らぬ清盛《きよもり》め。法皇《ほうおう》に抗議《こうぎ》して、きっと重《おも》い罰《ばつ》をあたえてくれるわ。」

いいながらも、僧兵《そうへい》たちはみこしをもちあげ、大《おお》あわてで引《ひ》きあげていきました。

数日後《すうじつご》、僧兵《そうへい》のいったとおり、延暦寺《えんりゃくじ》から「平忠盛《たいらのただもり》・清盛《きよもり》を島《しま》ながしにせよ」という強《つよ》い抗議《こうぎ》がありました。貴族《きぞく》たちも神罰《しんばつ》をおそれ、僧兵《そうへい》たちのいい分《ぶん》をきくよう法皇《ほうおう》に進言《しんげん》しました。しかし、御所《ごしょ》によびだされた清盛《きよもり》は平然《へいぜん》としていました。

「仏門《ぶつもん》にある法皇《ほうおう》にさからい、たいせつなみこしをおきざりにするようなやからは僧《そう》ではありません。わたしがおいはらったのは僧《そう》ではなく、ならずものたちの集団《しゅうだん》です。」

「なるほど、清盛《きよもり》のいうとおりだ。」

法皇《ほうおう》のことばにいいかえす貴族《きぞく》はいませんでした。

忠盛《ただもり》がなくなると、清盛《きよもり》は三十六さいで、平家《へいけ》の総大将《そうだいしょう》になりました。朝廷《ちょうてい》では鳥羽法皇《とばほうおう》の死後《しご》、後白河天皇《ごしらかわてんのう》と崇徳上皇《すとくじょうこう》の争《あらそ》いがおき(保元《ほうげん》の乱《らん》)、天皇方《てんのうがた》が勝利《しょうり》をおさめました。天皇方《てんのうがた》についた清盛《きよもり》はその活《かつ》やくによって安芸守《あきのかみ》から播磨守《はりまのかみ》に出世《しゅっせ》し、天皇《てんのう》の側近《そっきん》である公卿《くぎょう》の藤原信西《ふじわらのしんぜい》と手《て》を組《く》んで、いよいよ平家《へいけ》の力《ちから》をのばしていきました。いっぽう、清盛《きよもり》と同《おな》じく天皇方《てんのうがた》のためにはたらいたにもかかわらず冷遇《れいぐう》された源義朝《みなもとのよしとも》は腹《はら》をたて、信西《しんぜい》のライバルである藤原信頼《ふじわらののぶより》と手《て》を組《く》んで反乱《はんらん》をおこしました(平治《へいじ》の乱《らん》)。しかし平家軍《へいけぐん》の勝利《しょうり》に終《お》わり、源氏軍《げんじぐん》は武将《ぶしょう》たちのほとんどが殺《ころ》されたり、流罪《るざい》になったりして、すっかり力《ちから》をうしなっていきました。

　このいくさで清盛《きよもり》によっていのちびろいをしたのが、義朝《よしとも》の子《こ》である頼朝《よりとも》と今若《いまわか》、乙若《おとわか》、牛若《うしわか》という四人《にん》の子《こ》どもたちです。頼朝《よりとも》は伊豆《いず》へながされ、のちの源義経《みなもとのよしつね》である牛若《うしわか》たちは寺《てら》へあずけられます。いかに清盛《きよもり》のまま母《はは》である池禅尼《いけのぜんに》の頼《たの》みとはいえ、子《こ》どもたちのいのちを助《たす》けたのは清盛《きよもり》の思《おも》いやりの心《こころ》があればこそです。後年《こうねん》、源頼朝《みなもとのよりとも》・義経《よしつね》兄弟《きょうだい》によって平家《へいけ》がほろぼされようとは、そのときは想像《そうぞう》もできないことでした。

後白河天皇《ごしらかわてんのう》は上皇《じょうこう》になると、お気《き》に入《い》りの清盛《きよもり》に政治《せいじ》のことまで相談《そうだん》するようになり、武士《ぶし》の出身《しゅっしん》にもかかわらず公卿《くぎょう》の一員《いちいん》にしました。ますます権力《けんりょく》をもちはじめた清盛《きよもり》は自分《じぶん》の妻《つま》の妹《いもうと》の滋子《しげこ》を上皇《じょうこう》の妻《つま》にさせ、やがて従一位《じゅいちい》の太政大臣《だいじょうだいじん》にまでのぼりつめます。

その三か月後《げつご》に太政大臣《だいじょうだいじん》を自分《じぶん》からやめて出家《しゅっけ》しますが、滋子《しげこ》の生《う》んだ子《こ》どもが天皇《てんのう》になると、今度《こんど》は自分《じぶん》のむすめの徳子《とくこ》をそのおきさきにしてしまいます。もはや平家《へいけ》のさむらいの総大将《そうだいしょう》ではなく、天皇家《てんのうけ》の親《しん》せきでもある上級《じょうきゅう》貴族《きぞく》に出世《しゅっせ》したのです。

京《きょう》の都《みやこ》をながれる鴨川《かもがわ》の東《ひがし》にある六波羅《ろくはら》には、清盛《きよもり》の邸宅《ていたく》を中心《ちゅうしん》にむすこたちや一族《いちぞく》の屋敷《やしき》がびっしりとならび、あたかも平家《へいけ》の御所《ごしょ》のように見《み》えました。もはやだれひとりとして清盛《きよもり》にさからうものはありません。清盛《きよもり》の出世《しゅっせ》とともに平家《へいけ》一族《いちぞく》の人《ひと》たちもつぎつぎと出世《しゅっせ》し、「平家《へいけ》でなければ人《ひと》にあらず」と、うそぶくようになりました。

地位《ちい》と権力《けんりょく》を手《て》にした清盛《きよもり》もすっかり人《ひと》がかわってしまい、思《おも》いやりや人《ひと》への気《き》づかいをなくしてしまいました。人《ひと》を人《ひと》とも思《おも》わぬふるまいが多《おお》くなり、自分《じぶん》にしたがわないものはきびしくせめました。

入道《にゅうどう》（出家《しゅっけ》した貴族《きぞく》のこと）となった清盛《きよもり》は福原《ふくはら》（兵庫県《ひょうごけん》）に別荘《べっそう》をかまえ、宋《そう》の国《くに》（中国《ちゅうごく》）との貿易《ぼうえき》で巨万《きょまん》の富《とみ》をきずき、法皇《ほうおう》や貴族《きぞく》たちをうらやましがらせました。

料金受取人払郵便

山科支店承認

46

差出有効期間
平成25年4月
20日まで

郵便はがき

607-8790

(受　取　人)
京都市山科区
日ノ岡堤谷町1番地

㈱ミネルヴァ書房
読者アンケート係 行

◆ 以下のアンケートにお答え下さい。

お求めの
書店名＿＿＿＿＿＿＿市区町村＿＿＿＿＿＿＿＿＿＿＿＿＿書店

＊ この本をどのようにしてお知りになりましたか？ 以下の中から選び、3つま
で○をお付け下さい。

A.広告（　　　　）を見て　B.店頭で見て　C.知人・友人の薦め
D.著者ファン　E.図書館で借りて　F.教科書として
G.ミネルヴァ書房図書目録　H.ミネルヴァ通信
I.書評（　　　　）をみて　J.講演会など　K.テレビ・ラジオ
L.出版ダイジェスト　M.これから出る本　N.他の本を読んで
O.DM　P.ホームページ（　　　　　　　　）をみて
Q.書店の案内で　R.その他（　　　　　　　　）

書 名 お買上の本のタイトルをご記入下さい。

◆ 上記の本に関するご感想、またはご意見・ご希望などお書き下さい。
「ミネルヴァ通信」での採用分には図書券を贈呈いたします。

◆ よく読む分野(ご専門)について、3つまで○をお付け下さい。

1. 哲学・思想　2. 宗教　3. 歴史・地理　4. 政治・法律
5. 経済　6. 経営　7. 教育　8. 心理　9. 社会福祉
10. 高齢者問題　11. 女性・生活科学　12. 社会学　13. 文学・評論
14. 医学・家庭医学　15. 自然科学　16. その他（　　　　）

〒

ご住所　Tel　（　　　）

年齢　性別

お名前《ふりがな》　歳　男・女

ご職業・学校名
（所属・専門）

Eメール

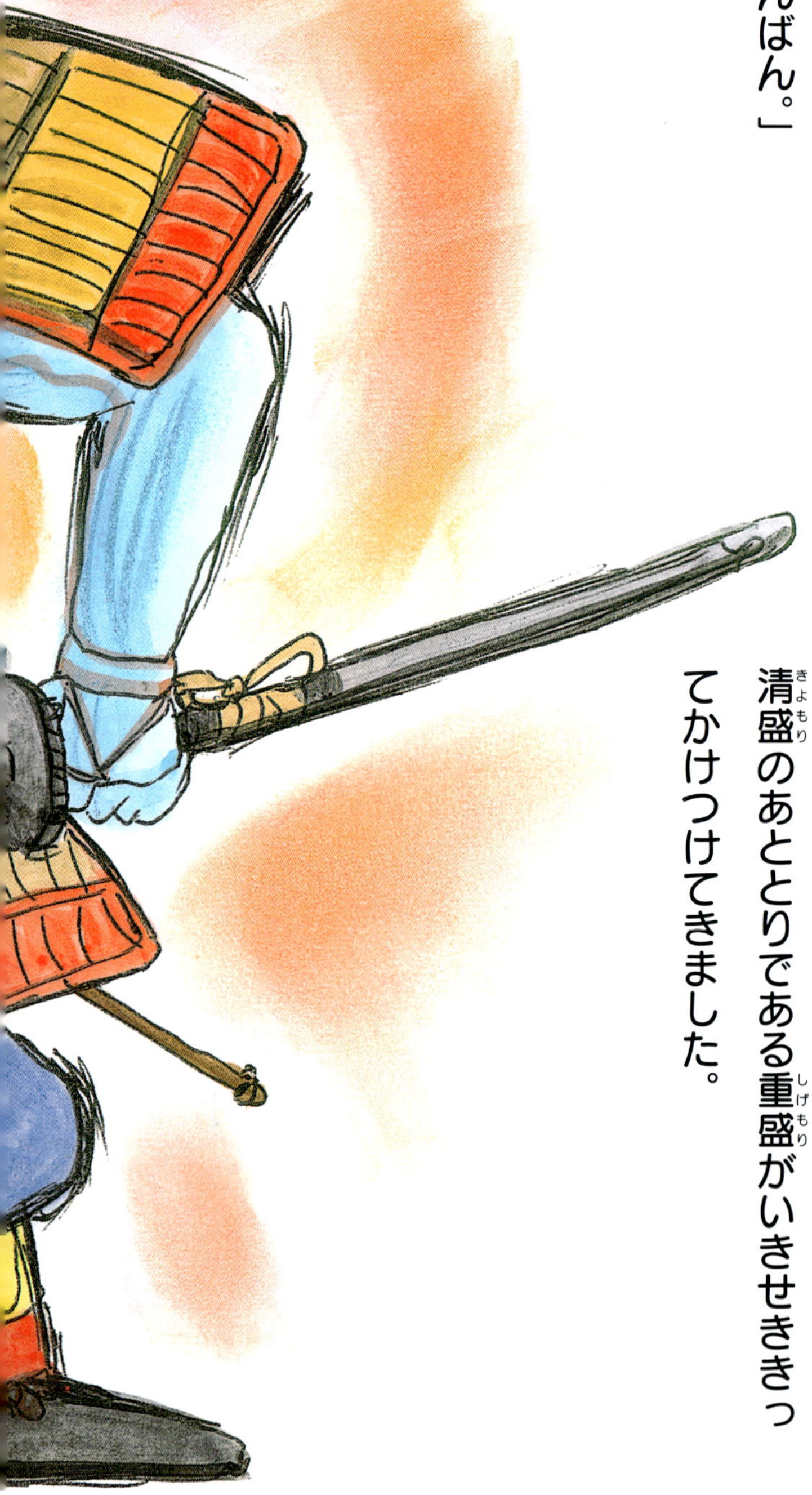

ある日《ひ》、福原《ふくはら》の別荘《べっそう》に多田行綱《ただゆきつな》という法《ほう》皇側《おうがわ》のさむらいが、

「入道《にゅうどう》さまにお知《し》らせしたいことがある。」

といってかけこんできました。清盛《きよもり》に不満《ふまん》をもつ貴族《きぞく》や法師《ほうし》たちが、ひそかに集《あつ》まって平家《へいけ》をたおす計画《けいかく》をたてているというのです。しかも、おどろいたことに後白河法《ごしらかわほう》皇《おう》までが、その計画《けいかく》にさんせいだというのです。

「法皇《ほうおう》さままで味方《みかた》にひきいれるとは、ひきょうせんばん。」

清盛《きよもり》はただちに都《みやこ》へもどると、息子《むすこ》の宗《むね》盛《もり》や知盛《とももり》たちにこの計画《けいかく》に加《くわ》わったものをひとりのこらずとらえさせ、首《くび》をはねたり、島送《しまおく》りにしたりしました。それでも気《き》がおさまらず、

「平家《へいけ》をうらぎるとは法皇《ほうおう》とてゆるさぬ。法皇《ほうおう》をとらえ、鳥羽《とば》の離宮《りきゅう》にうつってもらう。みなのもの、用意《ようい》をととのえろ。」

と命令《めいれい》して、みずからもよろいを身《み》につけ、なぎなたをこわきにかかえました。そこへ、清盛《きよもり》のあととりである重盛《しげもり》がいきせききってかけつけてきました。

「父上《ちちうえ》、そんなおすがたでなにをしようというのです。」

「法皇《ほうおう》さまをとらえにいくのだ。」

それをきいて重盛《しげもり》ははげしく首《くび》を横《よこ》にふりました。

「法皇《ほうおう》さまをとらえるなんて、とんでもない。そんなことをしたら朝敵《ちょうてき》（天皇家《てんのうけ》の敵《てき》）になってしまいます。一度《いちど》朝敵《ちょうてき》になれば、世《せ》間《けん》の人《ひと》たちの信頼《しんらい》をうしない、平家《へいけ》一門《いちもん》の滅亡《めつぼう》につながります。」

重盛《しげもり》のことばに清盛《きよもり》はなにもいいかえすことができませんでした。重盛《しげもり》のいうことはいつだって正《ただ》しく、清盛《きよもり》が気《き》ままにふるまえるのは重盛《しげもり》がいればこそです。

その年《とし》もくれ、翌年《よくとし》の一一七八年《ねん》（治承《じしょう》二年《ねん》）、高倉天皇《たかくらてんのう》のおきさきとなった徳子《とくこ》に赤《あか》んぼうが生《う》まれることになりました。

「これで平家《へいけ》はあんたいだ。きっと天皇《てんのう》になる皇子《おうじ》を生《う》んでくれるはずだ！」

清盛《きよもり》は有頂天《うちょうてん》になってさけびました。しかし、そのころ、都《みやこ》から遠《とお》くはなれた伊豆《いず》の国《くに》（静岡県《しずおかけん》）では源頼朝《みなもとのよりとも》が平家打倒《へいけだとう》にたちあがる日《ひ》が近《ちか》づいていることを、清盛《きよもり》はまだ気《き》がついていませんでした。

平清盛《たいらのきよもり》って どんな人《ひと》？

平氏《へいし》の全盛期《ぜんせいき》をきずいた平清《たいらのきよ》盛《もり》とは、いったいどんな人《ひと》だったのでしょうか？

平氏《へいし》の総大将《そうだいしょう》

平安時代《へいあんじだい》の終《お》わりごろは、天皇《てんのう》がくらいをしりぞいて上皇《じょうこう》となり、天皇《てんのう》にかわって政治《せいじ》をおこなう院政《いんせい》の時代《じだい》でした。そのころは、天皇《てんのう》の子孫《しそん》でもあるふたつの武士勢力《ぶしせいりょく》、平氏《へいし》と源氏《げんじ》が力《ちから》をもっていました。そして、平氏一族《へいしいちぞく》の総大将《そうだいしょう》である平清盛《たいらのきよもり》の祖父《そふ》・正盛《まさもり》は白河上皇《しらかわじょうこう》に、清盛《きよもり》の父《ちち》・忠盛《ただもり》は鳥羽《とば》上皇《じょうこう》につかえることで、平氏《へいし》の力《ちから》をより大《おお》きくしていました。一一一八年《ねん》にあとつぎとして生《う》まれた清盛《きよもり》は、父《ちち》（忠盛《ただもり》）の死《し》後《ご》に総大将《そうだいしょう》となりました。

保元《ほうげん》の乱《らん》

一一五五年《ねん》、天皇家《てんのうけ》のあとつぎ争《あらそ》いがおこり、崇徳上皇《すとくじょうこう》と後白河天皇《ごしらかわてんのう》が対《たい》立《りつ》します。この天皇家《てんのうけ》の権力争《けんりょくあらそ》いに、摂関家《せっかんけ》の藤原氏《ふじわらし》の勢力争《せいりょくあらそ》いがむすびつきました。崇徳上皇側《すとくじょうこうがわ》には、藤原頼長《ふじわらのよりなが》とその父《ちち》の忠実《ただざね》がつきました。後白河《ごしらかわ》天皇側《てんのうがわ》には、弟《おとうと》の頼長《よりなが》と当主《とうしゅ》の座《ざ》を争《あらそ》っていた藤原忠通《ふじわらのただみち》がつきました。そして、後白河天皇《ごしらかわてんのう》をささえていた鳥羽《とば》法皇《ほうおう》がなくなった一一五六年《ねん》、天皇家《てんのうけ》と藤原氏《ふじわらし》、そしてそれぞれがいくさのために集《あつ》めた平氏《へいし》や源氏《げんじ》の武士《ぶし》が、自《じ》分《ぶん》の親《おや》や子《こ》、きょうだいと争《あらそ》う戦《たたか》いがはじまりました。これを、保元《ほうげん》の乱《らん》といいます。この戦《たたか》いは、清盛《きよもり》と源義《みなもとのよし》朝《とも》が味方《みかた》した後白河天皇側《ごしらかわてんのうがわ》の勝利《しょうり》に終《お》わりました。この乱《らん》で、政治《せいじ》のうえの勢力争《せいりょくあらそ》いに勝《か》つためには、武士《ぶし》の力《ちから》が必要《ひつよう》となることがしめされました。それまでは貴族《きぞく》が力《ちから》をもっていましたが、いよいよ本格的《ほんかくてき》に武士《ぶし》の世《よ》の中《なか》がはじまったのです。

保元《ほうげん》の乱《らん》の勝敗勢力図《しょうはいせいりょくず》

負《ま》けた側《がわ》	関係	勝《か》った側《がわ》
崇徳上皇《すとくじょうこう》（讃岐《さぬき》にながされる）	兄《あに》 ― 弟《おとうと》	後白河天皇《ごしらかわてんのう》
藤原頼長《ふじわらのよりなが》（討《う》ち死《じ》に）	弟《おとうと》 ― 兄《あに》	藤原忠通《ふじわらのただみち》
		藤原信西《ふじわらのしんぜい》
平忠正《たいらのただまさ》（打《う》ち首《くび》）	おじ ― おい	平清盛《たいらのきよもり》
源為義《みなもとのためよし》（打《う》ち首《くび》）	父《ちち》 ― 子《こ》	源義朝《みなもとのよしとも》
源為朝《みなもとのためとも》（伊豆大島《いずおおしま》にながされる）	弟《おとうと》 ― 兄《あに》	源義朝《みなもとのよしとも》
		源頼政《みなもとのよりまさ》

平治《へいじ》の乱《らん》

保元《ほうげん》の乱《らん》が終《お》わると、清盛《きよもり》はますます後白河天皇《ごしらかわてんのう》にだいじにされました。いっぽう、源義朝《みなもとのよしとも》はとりたててもらえず、不満《ふまん》に思《おも》っていました。

一一五八年《ねん》、後白河天皇《ごしらかわてんのう》がくらいを自分《じぶん》の子《こ》にゆずって上皇《じょうこう》となり、院政《いんせい》をはじめると、上皇《じょうこう》につかえる藤原信西《ふじわらのしんぜい》と藤原信頼《ふじわらののぶより》とのあいだに権力争《けんりょくあらそ》いがおこりました。信西《しんぜい》は清盛《きよもり》と親《した》しかったため、信頼《のぶより》は親《した》しかった源義朝《みなもとのよしとも》と組《く》んで、信西《しんぜい》と清盛《きよもり》をたおそうと考《かんが》えます。そしておこったのが一一五九年《ねん》の平治《へいじ》の乱《らん》です。乱《らん》をおこした義朝《よしとも》たちは、はじめは優勢《ゆうせい》でしたが、清盛《きよもり》の反撃《はんげき》にあってやぶれました。このとき、義朝《よしとも》の三男《さんなん》・源頼朝《みなもとのよりとも》も父《ちち》とともに戦《たたか》いましたが、平氏《へいし》にとらえられ、死罪《しざい》をいいわたされます。しかし、清盛《きよもり》の育《そだ》ての親《おや》・池禅尼《いけのぜんに》のねがいで死刑《しけい》をまぬかれ、伊豆《いず》へながされました。このことが、のちに平氏《へいし》の運命《うんめい》を大《おお》きく左《さ》右《ゆう》することとなります。

出家後《しゅっけご》の清盛《きよもり》とつたえられる木像《もくぞう》。
平清盛木像《たいらのきよもりもくぞう》（六波羅蜜寺所蔵《ろくはらみつじしょぞう》）

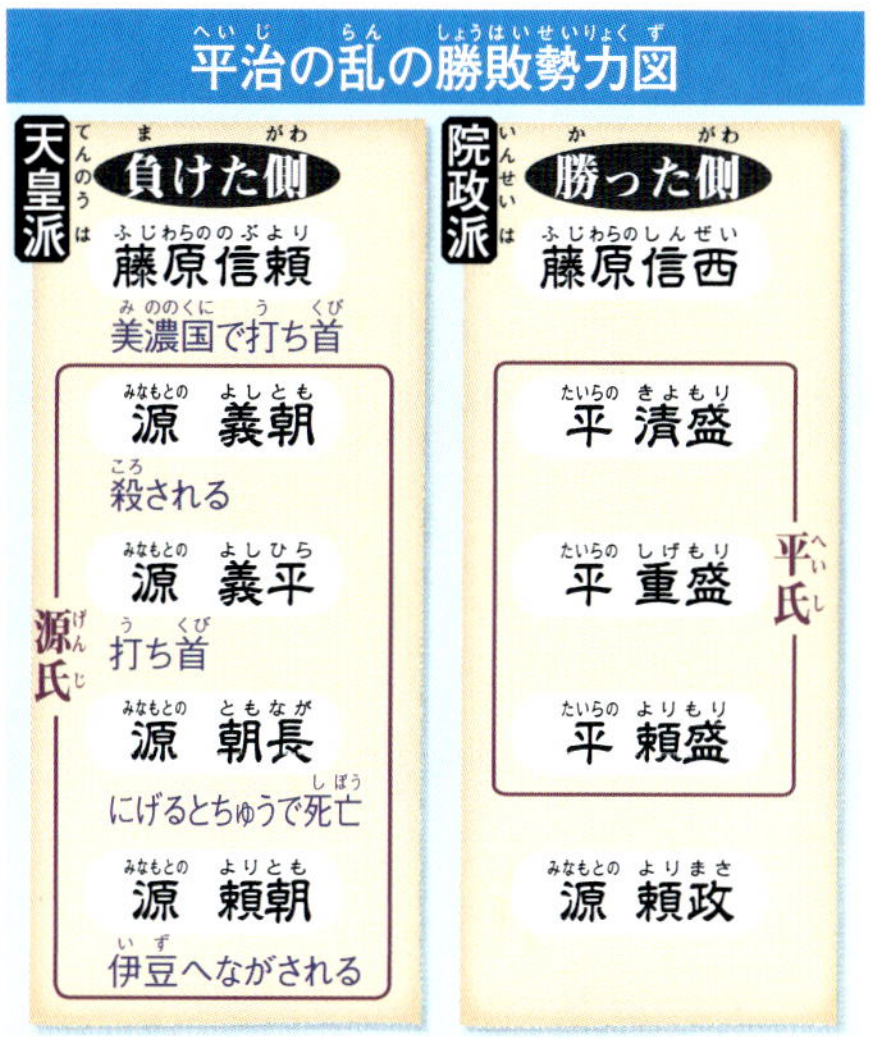

平氏《へいし》の栄華《えいが》

平治《へいじ》の乱《らん》のあと、清盛《きよもり》は政治《せいじ》の世界《せかい》でも力《ちから》をもちはじめ、一一六〇年《ねん》九月《がつ》に公卿《くぎょう》となりました。いままでこうした高《たか》いくらいにつけるのは、えらばれた貴族《きぞく》だけでした。武士《ぶし》が正式《せいしき》に国《くに》の政治《せいじ》に参加《さんか》するようになったのです。

その後《ご》、清盛《きよもり》の妻《つま》の時子《ときこ》の妹《いもうと》・滋子《しげこ》が、後白河上皇《ごしらかわじょうこう》の側室《そくしつ》となって憲仁《のりひと》親王《しんのう》（のちの高倉天皇《たかくらてんのう》）をうむと、天《てん》皇家《のうけ》と平氏《へいし》のつながりが強《つよ》くなっていきました。また、清盛《きよもり》は、むすめたちを藤原家《ふじわらけ》にもとつがせ、政治《せいじ》への発言《はつげん》力《りょく》を大《おお》きくしていきました。そして一一六七年《ねん》、清盛《きよもり》は武士《ぶし》ではじめて太《だい》政大臣《じょうだいじん》になりました。清盛《きよもり》五十さいのときでした。清盛《きよもり》の子《こ》どもたちもつぎつぎと公卿《くぎょう》の仲間《なかま》いりをし、都《みやこ》の東南《とうなん》部《ぶ》の六波羅《ろくはら》にあった平氏《へいし》の屋敷《やしき》はとてもさかえました。

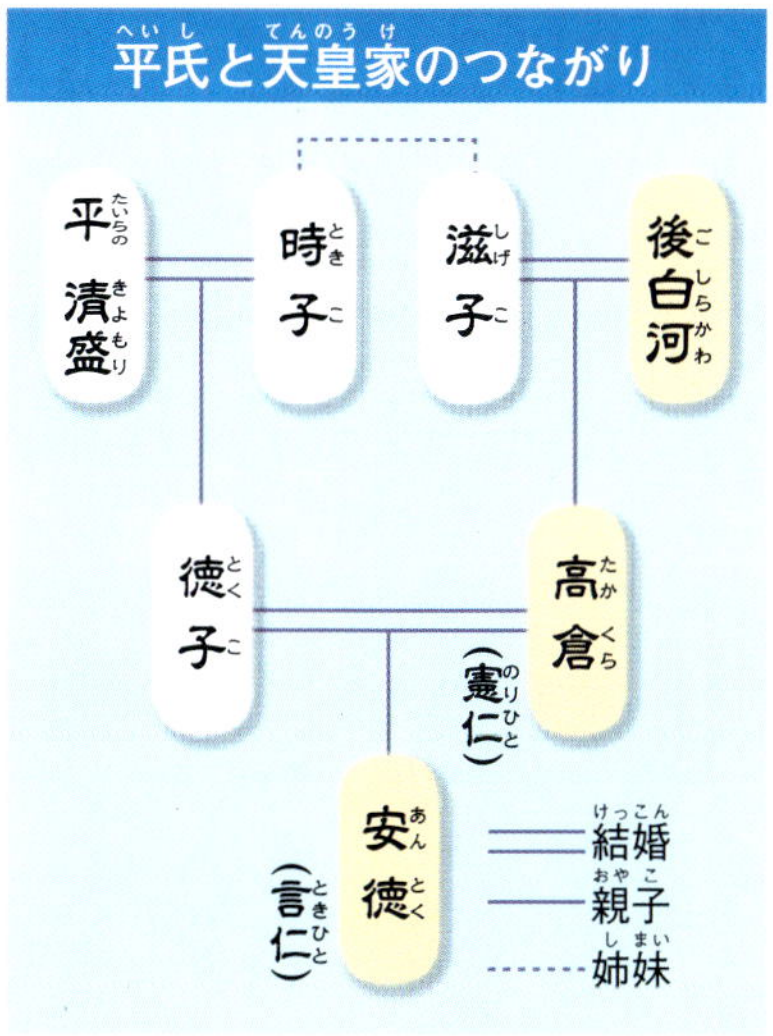

平氏《へいし》への不満《ふまん》

その後《ご》、太政大臣《だいじょうだいじん》の座《ざ》をしりぞいた清盛《きよもり》は、一一六八年《ねん》に病気《びょうき》にかかり、出家《しゅっけ》します。病《やまい》から回復《かいふく》すると、清盛《きよもり》は次女《じじょ》の徳子《とくこ》を高倉天皇《たかくらてんのう》の中宮《ちゅうぐう》とし、男《おとこ》の子《こ》の誕生《たんじょう》をのぞむようになります。清盛《きよもり》は、天皇《てんのう》の祖父《そふ》となることで、思《おも》いのままに政治《せいじ》ができると考《かんが》えたのです。清盛《きよもり》のえんりょのないやりかたは貴族《きぞく》たちの反感《はんかん》をかい、平氏《へいし》に対《たい》する反発《はんぱつ》の声《こえ》が高《たか》まっていきました。後白河法皇《ごしらかわほうおう》でさえ、わがもの顔《がお》の清盛《きよもり》に不満《ふまん》をいだくようになります。

一一七七年《ねん》、後白河法皇《ごしらかわほうおう》をまきこんで、京都《きょうと》の鹿ケ谷《ししがたに》にある俊寛《しゅんかん》という僧《そう》の別荘《べっそう》で、平氏《へいし》をたおす相談《そうだん》がおこなわれました。これは密告《みっこく》によって清盛《きよもり》に知《し》られ、きびしい処罰《しょばつ》がくだされました。これを鹿ケ谷《ししがたに》の陰謀《いんぼう》とよびます。

翌年《よくとし》、高倉天皇《たかくらてんのう》と徳子《とくこ》のあいだに清盛《きよもり》がまちのぞんだ男《おとこ》の子《こ》言仁親王《ときひとしんのう》（のちの安徳天皇《あんとくてんのう》）が誕生《たんじょう》すると、清盛《きよもり》と後白河法皇《ごしらかわほうおう》とのあいだはますますさめたものになっていきました。清盛《きよもり》の長男《ちょうなん》・重盛《しげもり》が急死《きゅうし》し、その領地《りょうち》を法皇《ほうおう》がとりあげると、おこった清盛《きよもり》は数千《すうせん》の軍《ぐん》をつれて、当時《とうじ》すんでいた摂津国《せっつのくに》の福原《ふくはら》（いまの神戸《こうべ》）から京都《きょうと》へむかいました。そして、後白河法皇《ごしらかわほうおう》を鳥羽殿《とばどの》にとじこめ、院政《いんせい》をやめさせてしまいました。このことで、貴族《きぞく》たちの平氏《へいし》に対《たい》する反感《はんかん》はますます高《たか》まります。

清盛《きよもり》は出家《しゅっけ》したのち、福原《ふくはら》にある別荘《べっそう》の雪見御所《ゆきみごしょ》にうつりすみ、大輪田泊《おおわだのとまり》の改修《かいしゅう》などを進《すす》めた。雪見御所《ゆきみごしょ》のあった場所《ばしょ》には、現在石碑《げんざいせきひ》がたっている。
（写真提供《しゃしんていきょう》：神戸市観光《こうべしかんこう》コンベンション推進室《すいしんしつ》）

一一八〇年《ねん》、清盛《きよもり》は新《あたら》しい都《みやこ》で新《あたら》しい政治《せいじ》をつくるといって、安徳天皇《あんとくてんのう》と高倉上皇《たかくらじょうこう》をつれて福原《ふくはら》へうつりました。しかし、福原《ふくはら》では新《あたら》しい都《みやこ》の準備《じゅんび》は進《すす》まず、平氏一族《へいしいちぞく》からも不満《ふまん》の声《こえ》があがり、都《みやこ》は福原《ふくはら》からふたたび京都《きょうと》にもどりました。

清盛《きよもり》の死《し》と平氏滅亡《へいしめつぼう》

清盛《きよもり》の政治《せいじ》に対《たい》する不満《ふまん》が大《おお》きくなったころ、伊豆《いず》で源頼朝《みなもとのよりとも》が平氏《へいし》をたおすために兵《へい》をあげました。清盛《きよもり》がいのちを助《たす》けた頼朝《よりとも》は三十四さいにな

興福寺《こうふくじ》は創建《そうけん》1300年《ねん》をこえる、歴史《れきし》ある寺院《じいん》。現在《げんざい》のこっている建物《たてもの》は、重衡《しげひら》によって焼《や》かれたあとにたてられたもの。奈良市《ならし》にあり、「古都奈良《ことなら》の文化財《ぶんかざい》」の一部《いちぶ》として世界遺産《せかいいさん》に登録《とうろく》されている。（写真提供《しゃしんていきょう》：奈良市観光協会《ならしかんこうきょうかい》）

り、関東《かんとう》で着実《ちゃくじつ》に力《ちから》をつけていたのです。清盛《きよもり》の孫《まご》の維盛《これもり》は、清盛《きよもり》に命《めい》じられて、頼朝《よりとも》をたおすために大軍《たいぐん》をひきいて関東《かんとう》にむかいました。しかし、一一八〇年《ねん》十月《がつ》、富士川《ふじがわ》の戦《たたか》いで維盛《これもり》は負《ま》けてしまいます。

その年《とし》の十二月《がつ》には、奈良《なら》の興福寺《こうふくじ》の僧兵《そうへい》たちが平氏《へいし》に反抗《はんこう》してきたので、清盛《きよもり》は五男《ごなん》の重衡《しげひら》にうちとるように命《めい》じました。ところが、重衡《しげひら》は寺院《じいん》に火《ひ》をつけて、興福寺《こうふくじ》ばかりでなく、東大寺《とうだいじ》をはじめとする多《おお》くの寺院《じいん》を焼《や》きはらってしまったのです。この事件《じけん》で、平氏《へいし》はすべての寺院勢力《じいんせいりょく》を敵《てき》にまわすことになりました。

一一八一年《ねん》二月《がつ》、清盛《きよもり》ははげしい熱病《ねつびょう》におそわれました。清盛《きよもり》はとても苦《くる》しみ、最後《さいご》まで平氏《へいし》のゆくすえを案《あん》じながらなくなってしまいました。清盛《きよもり》六十四さいでした。

清盛《きよもり》がなくなったあとの平氏《へいし》は、源氏《げんじ》の軍勢《ぐんぜい》にせめたてられました。そして清盛《きよもり》の死《し》の四年後《ねんご》に、壇《だん》ノ浦《うら》の戦《たたか》いにやぶれてほろびました。

豆《まめ》ちしき

「平氏《へいし》にあらずんば人《ひと》にあらず」

平治《へいじ》の乱《らん》で負《ま》けた貴族《きぞく》の荘園《しょうえん》は平氏《へいし》のものとなり、もっともさかえたときは全国《ぜんこく》六十六か国《こく》のうち、三十か国以上《こくいじょう》が平氏《へいし》の知行国《ちぎょうこく》となりました。清盛《きよもり》の義理《ぎり》の弟《おとうと》にあたる時忠《ときただ》は「平氏《へいし》にあらずんば人《ひと》にあらず」とまでいったとつたえられています。平氏《へいし》は中央政界《ちゅうおうせいかい》のなかでも、摂関家《せっかんけ》である藤原氏《ふじわらし》をおしのけて、第一《だいいち》の実力者《じつりょくしゃ》にのしあがったのです。

平氏《へいし》の知行国《ちぎょうこく》

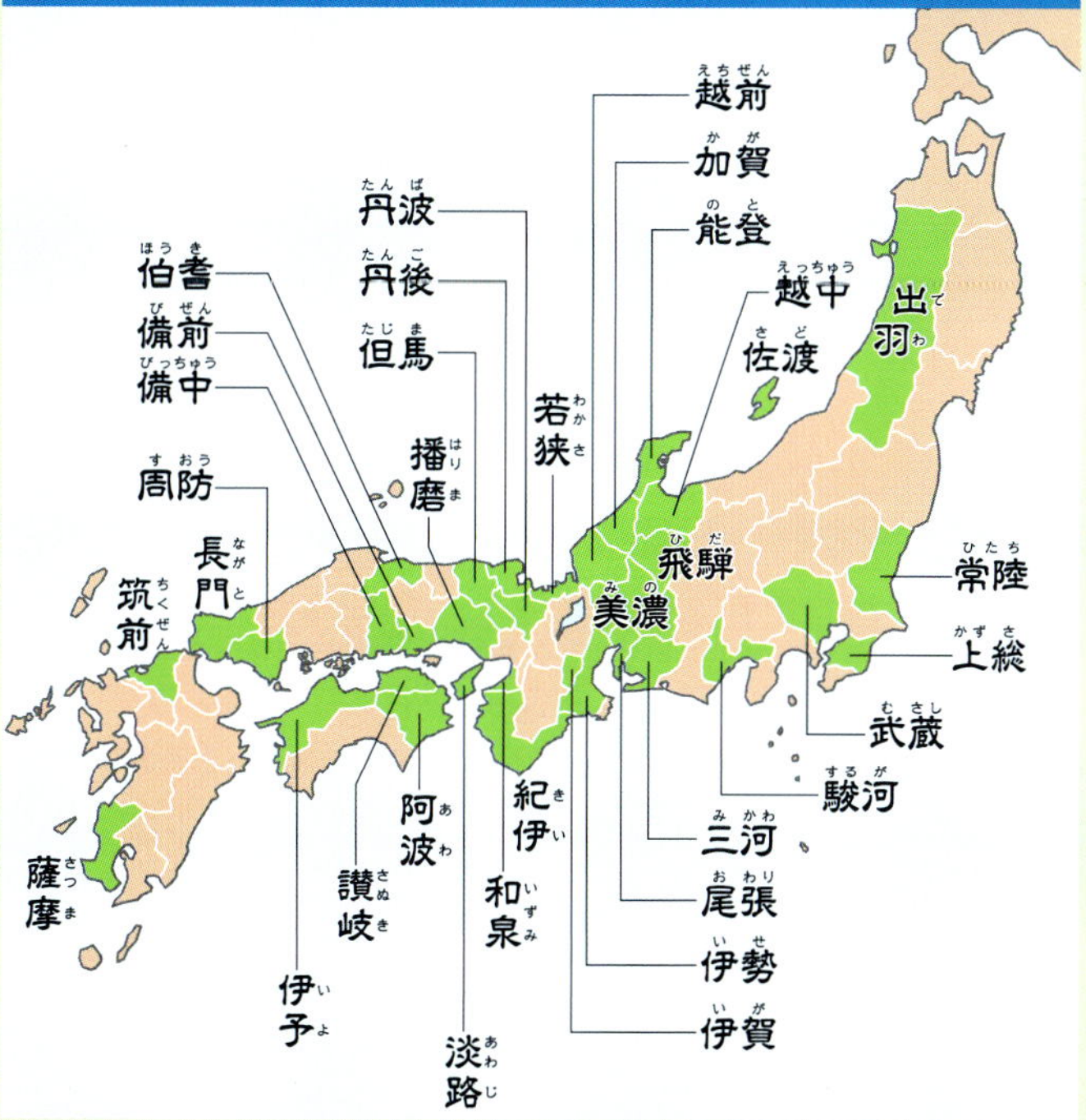

清盛《きよもり》が後世《こうせい》にのこしたもの

清盛《きよもり》は自分《じぶん》の力《ちから》を内外《ないがい》にしめすため、さまざまな事業《じぎょう》をおこない後世《こうせい》にのこしました。

大輪田泊《おおわだのとまり》と経《きょう》が島《しま》

清盛《きよもり》は外国《がいこく》に対《たい》して好奇心《こうきしん》をもち、そのすぐれた文化《ぶんか》をどんどんとりいれようとしました。なかでも宋《そう》（中国《ちゅうごく》）との貿易《ぼうえき》に力《ちから》をいれ、その利益《りえき》は政権《せいけん》にとって重要《じゅうよう》な経済基盤《けいざいきばん》となりました。清盛《きよもり》の時代《じだい》には、いまの神戸港《こうべこう》の一部《いちぶ》を大輪田泊《おおわだのとまり》とよんでいましたが、そこは荒波《あらなみ》の被害《ひがい》をたびたびうける港《みなと》でした。そこで清盛《きよもり》は、防波堤《ぼうはてい》の役《やく》目《め》をする人工島《じんこうとう》をつくることにしました。

しかし、荒波《あらなみ》のせいで、工事《こうじ》は思《おも》うように進《すす》みません。むかしから工事《こうじ》の無事《ぶじ》を祈《いの》るときには人柱《ひとばしら》をたてるならわしがありましたが、清盛《きよもり》は人《ひと》のいのちをたいせつに思《おも》い、お経《きょう》をかいた石《いし》をしずめて人工島《じんこうとう》を完成《かんせい》させたと、『平家物語《へいけものがたり》』では語《かた》られています。この島《しま》を「経《きょう》が島《しま》」といいます。現在《げんざい》では、その場所《ばしょ》がどこかは特定《とくてい》されていません。

また、清盛《きよもり》につかえていた松王丸《まつおうまる》という少年《しょうねん》が、人柱《ひとばしら》としてお経《きょう》をかいた石《いし》とともにしずんだという、べつの伝《でん》説《せつ》ものこっています。

このように、清盛《きよもり》はたいへんな苦労《くろう》をして、いまの神戸港《こうべこう》の基礎《きそ》をきずいたのです。

いまの神戸港《こうべこう》。国際貿易《こくさいぼうえき》や交通《こうつう》の要所《ようしょ》となっている日本《にほん》有数《ゆうすう》の大《おお》きい港《みなと》。（写真提供《しゃしんていきょう》：神戸市《こうべし》みなと総局《そうきょく》）

蓮華王院《れんげおういん》の建設《けんせつ》

一一六四年《ねん》、清盛《きよもり》は後白河上皇《ごしらかわじょうこう》に命《めい》じられて、上皇《じょうこう》の離宮《りきゅう》・法住寺殿《ほうじゅうじでん》のなかに蓮華王院《れんげおういん》をたてました。本堂内部《ほんどうないぶ》の柱《はしら》のあいだが三十三あることから、三十三間堂《さんじゅうさんげんどう》ともよばれています。

音戸《おんど》の瀬戸《せと》

清盛《きよもり》は、海上交通路《かいじょうこうつうろ》をひらくことにも力《ちから》をいれました。音戸《おんど》の瀬戸《せと》は、瀬《せ》戸内海《とないかい》にあるとてもせまい海峡《かいきょう》です。清盛《きよもり》は、この海峡《かいきょう》のはばを広《ひろ》げて、大《おお》きな船《ふね》でもとおれるようにしたといわれています。この事業《じぎょう》の目的《もくてき》は、日宋《にっそう》貿易《ぼうえき》の航路《こうろ》をきりひらくためとも、厳《いつく》島神社《しまじんじゃ》へ参詣《さんけい》する航路《こうろ》をひらくためともつたえられています。

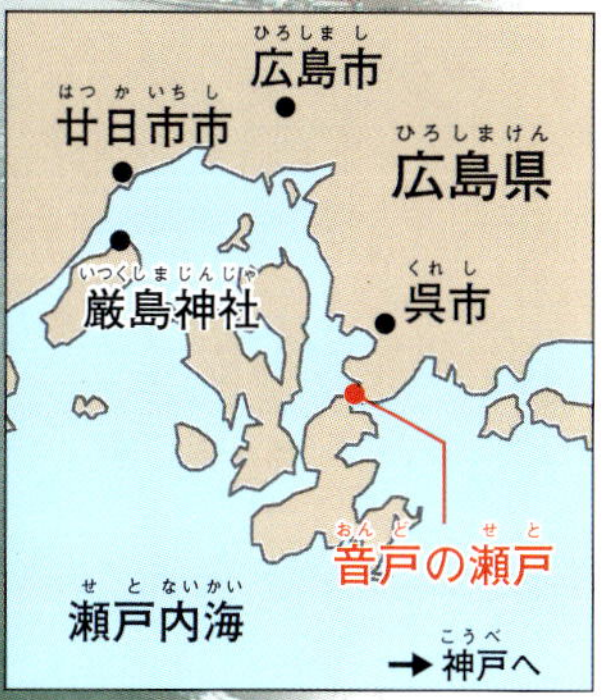

現在《げんざい》でも、せまくてながれのはやい海峡《かいきょう》を、たくさんの船《ふね》が行《い》き来《き》している。
(写真提供《しゃしんていきょう》：呉市観光振興課《くれしかんこうしんこうか》)

厳島神社《いつくしまじんじゃ》の再建《さいけん》

安芸国《あきのくに》（広島県《ひろしまけん》）の宮島《みやじま》にある厳島《いつくしま》神社《じんじゃ》は、安芸国《あきのくに》でもっともくらいの高《たか》い神社《じんじゃ》で、航海《こうかい》の安全《あんぜん》をまもる神《かみ》として人《ひと》びとの信仰《しんこう》を集《あつ》めていました。清《きよ》盛《もり》は安芸守《あきのかみ》になったころから、平氏《へいし》のまもり神《がみ》のように厳島神社《いつくしまじんじゃ》をうやまっていました。清盛《きよもり》が太政大臣《だいじょうだいじん》になったときには、お礼《れい》のための参詣《さんけい》をして、新《あたら》しく社殿《しゃでん》をつくりなおし、回廊《かいろう》や鳥《と》居《い》などをたてました。

平家納経《へいけのうきょう》

一一六四年《ねん》に、平家一門《へいけいちもん》がみなさかえますようにとねがい、一族《いちぞく》の人《ひと》たちがお経《きょう》をかきうつして厳島神社《いつくしまじんじゃ》に奉納《ほうのう》しました。

この経文《きょうもん》三十二巻《かん》と清盛《きよもり》がかいたといわれる願文《がんもん》一巻《かん》は金《きん》・銀《ぎん》などでかざられたみごとなものです。国宝《こくほう》に指定《してい》されており、「平家納経《へいけのうきょう》」として、いまも神社《じんじゃ》にのこされています。

豆《まめ》ちしき 琵琶《びわ》をひきながら語《かた》る『平家物語《へいけものがたり》』

「祇《ぎ》園精舎《おんしょうじゃ》のかねの声《こえ》　諸行無常《しょぎょうむじょう》のひびきあり……」というくだりからはじまる『平家物語《へいけものがたり》』は、平《へい》氏一族《しいちぞく》の繁栄《はんえい》から滅亡《めつぼう》までをえがいた、日本《にほん》の軍記物語《ぐんきものがたり》の代表的《だいひょうてき》な作品《さくひん》です。十三世紀《せいき》のはじめごろに成立《せいりつ》したといわれ、琵琶《びわ》を演奏《えんそう》しながら物語《ものがたり》を語《かた》る琵琶《びわ》法師《ほうし》によってつたえられました。

『平家物語《へいけものがたり》』は、琵琶《びわ》をひきながら歌《うた》って語《かた》る琵琶法師《びわほうし》によって、日本全国《にほんぜんこく》へつたえられた。
(写真提供《しゃしんていきょう》：高松平家物語歴史館《たかまつへいけものがたりれきしかん》)

清盛《きよもり》が生《い》きた平安時代後期《へいあんじだいこうき》

平安時代後期《へいあんじだいこうき》は、貴族《きぞく》にかわって武士《ぶし》が中心《ちゅうしん》の世《よ》の中《なか》になっていきました。

院政《いんせい》のはじまり

平安時代《へいあんじだい》に入《はい》り、政治《せいじ》の実権《じっけん》をにぎったのは貴族《きぞく》でした。このころの日本《にほん》では**摂関政治《せっかんせいじ》**がおこなわれており、貴族《きぞく》の藤原氏《ふじわらし》が摂関家《せっかんけ》として大《おお》きな力《ちから》をもっていました。この政治《せいじ》のやりかたは、十一世紀前半《せいきぜんはん》、藤原道長《ふじわらのみちなが》とその子《こ》の頼通《よりみち》のころにもっとも勢力《せいりょく》をほこりました。しかし天皇家《てんのうけ》は、摂関家《せっかんけ》の勢力《せいりょく》をおさえ、天皇中心《てんのうちゅうしん》の政治《せいじ》をとりもどしたいと考《かんが》えていました。そこで、天皇《てんのう》のくらいをしりぞいて上皇《じょうこう》となり、天皇《てんのう》の後見人《こうけんにん》という名目《めいもく》で、天皇《てんのう》にかわって国《くに》の政治《せいじ》をおこなうようになりました。これを院政《いんせい》とよびます。白河上皇《しらかわじょうこう》は、自分《じぶん》の子《こ》、孫《まご》、ひ孫《まご》の三代《だい》、四十三年間《ねんかん》にわたって、院政《いんせい》をとりつづけました。白河上皇《しらかわじょうこう》のあとも、後鳥《ごと》羽上皇《ばじょうこう》の時代《じだい》まで院政《いんせい》がつづきました。この百年間《ねんかん》あまりを、院政時代《いんせいじだい》とよびます。

天皇家《てんのうけ》と院政《いんせい》

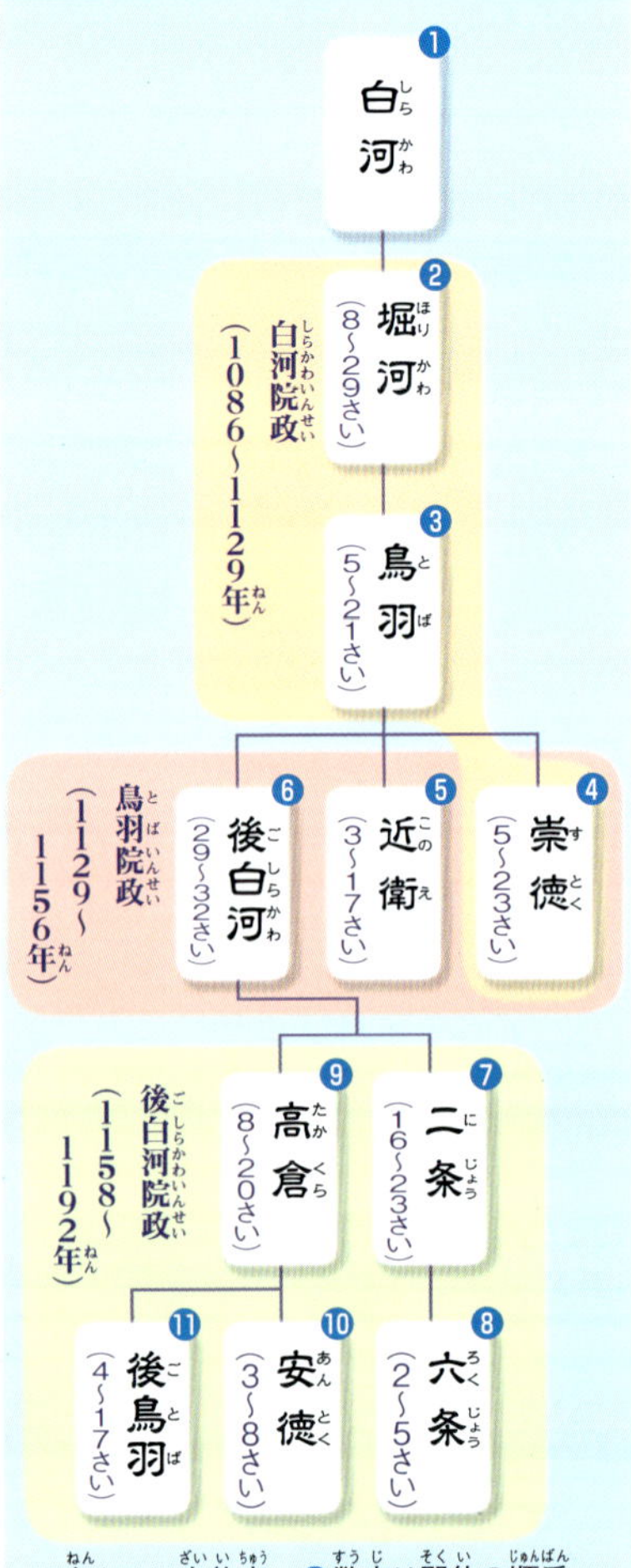

※年《ねん》れいは在位中《ざいいちゅう》、●数字《すうじ》は即位《そくい》の順番《じゅんばん》。

都《みやこ》をさわがせた僧兵《そうへい》

平安時代《へいあんじだい》のなかごろから、広大《こうだい》な荘《しょう》園《えん》をもつ寺院《じいん》では、自分《じぶん》たちの土地《とち》をまもるために、僧兵《そうへい》とよばれる武装《ぶそう》した僧《そう》の集団《しゅうだん》をかかえるようになりました。僧兵《そうへい》たちは、みこしや神木《しんぼく》をかついで、天皇《てんのう》や上皇《じょうこう》をおどしてむりな要《よう》求《きゅう》をしたり、らんぼうをはたらいたりしました。みこしや神木《しんぼく》には神《かみ》さまがやどっているとされ、たたりや罰《ばつ》をおそれた人《ひと》びとは、要求《ようきゅう》をのむしかありませんでした。これを強訴《ごうそ》といいます。院政時代《いんせいじだい》の百年間《ねんかん》に六十回《かい》もおこなわれました。当時《とうじ》、絶大《ぜつだい》な力《ちから》をもっていた白河上皇《しらかわじょうこう》もこまりはて、これをおさえるためにも、武士《ぶし》の力《ちから》が必要《ひつよう》になってきたのです。

比叡山延暦寺《ひえいざんえんりゃくじ》の僧兵《そうへい》は「山法師《やまほうし》」とよばれ、延暦寺《えんりゃくじ》の守護神社《しゅごじんじゃ》である日吉大社《ひよしたいしゃ》のみこしをかついで強訴《ごうそ》におよんだ。
（「山法師強訴図屏風《やまほうしごうそずびょうぶ》」（部分《ぶぶん》）琵琶湖文化館所蔵《びわこぶんかかんしょぞう》）

清盛《きよもり》とおなじ時代《じだい》に生《い》きた人《ひと》びと

源頼朝《みなもとのよりとも》（一一四七～一一九九年《ねん》）

一一九二年《ねん》、後白河法皇《ごしらかわほうおう》がなくなり、頼朝《よりとも》は朝廷《ちょうてい》から征夷大将軍《せいいたいしょうぐん》に任命《にんめい》された。そして、鎌倉《かまくら》で武士《ぶし》によるはじめての政府《せいふ》、鎌倉幕府《かまくらばくふ》をひらいた。頼朝《よりとも》は集《あつ》まってきた武士《ぶし》と、「御恩《ごおん》」と「奉公《ほうこう》」という主従関係《しゅじゅうかんけい》をむすんだ。

源頼朝《みなもとのよりとも》とつたえられる像《ぞう》。
（「伝源頼朝坐像《でんみなもとのよりともざぞう》」鎌倉時代《かまくらじだい》
重要文化財《じゅうようぶんかざい》 東京国立博物館所蔵《とうきょうこくりつはくぶつかんしょぞう》）
(Image : TNM Image Archives)

後白河天皇《ごしらかわてんのう》（一一二七～一一九二年《ねん》）

一一五五年《ねん》に二十九さいで天皇《てんのう》に即位《そくい》した。一一五八年《ねん》に上皇《じょうこう》となり、のちに出家《しゅっけ》して法皇《ほうおう》となる。三十年《ねん》以上《いじょう》も政治《せいじ》の実権《じっけん》をにぎっていた。

後白河法皇《ごしらかわほうおう》はさまざまな策略《さくりゃく》をめぐらせ、政治《せいじ》の実権《じっけん》をにぎりつづけた。
（「天子摂関御影《てんしせっかんみえい》」（部分《ぶぶん》）14世《せい》紀《き》 宮内庁三の丸尚蔵館所蔵《くないちょうさんのまるしょうぞうかんしょぞう》）

豆《まめ》ちしき

院政時代《いんせいじだい》にさかえた文化《ぶんか》

院《いん》政時代《せいじだい》には、今様《いまよう》とよばれる歌《うた》が流行《りゅうこう》しました。後白河法皇《ごしらかわほうおう》は、青年時代《せいねんじだい》から今様《いまよう》に熱中《ねっちゅう》し、ひと晩《ばん》じゅう歌《うた》いとおして声《こえ》をつぶしたことも、一度《いちど》だけではなかったといいます。法皇《ほうおう》みずから今様《いまよう》を集《あつ》め、『梁塵秘抄《りょうじんひしょう》』という歌集《かしゅう》もつくりました。
そのほか、絵巻物《えまきもの》や物語文学《ものがたりぶんがく》、猿楽《さるがく》・田楽《でんがく》などの文化《ぶんか》もさかえました。代表《だいひょう》的《てき》な作品《さくひん》には、つぎのようなものがあります。

文学《ぶんがく》	説話集《せつわしゅう》	『今昔物語集《こんじゃくものがたりしゅう》』（31巻《かん》、作者不明《さくしゃふめい》）
	歴史物語《れきしものがたり》	『大鏡《おおかがみ》』（3巻本《かんぼん》・6巻本《かんぼん》・8巻本《かんぼん》がある、作者不明《さくしゃふめい》）
		『今鏡《いまかがみ》』（10巻《かん》、作《さく》／藤原為経《ふじわらのためつね》）
		『栄花《えいが》（華《が》）物語《ものがたり》』（40巻《かん》、作《さく》／赤染衛門《あかぞめえもん》ほか？）
	軍記物語《ぐんきものがたり》	『将門記《しょうもんき》』（1巻《かん》、作者不明《さくしゃふめい》）
		『陸奥話記《むつわき》』（1巻《かん》、作者不明《さくしゃふめい》）
絵巻物《えまきもの》	『源氏物語絵巻《げんじものがたりえまき》』（現存《げんそん》しているのは3巻《かん》、複数《ふくすう》による筆《ふで》？）	
	『伴大納言絵巻《ばんだいなごんえまき》』（3巻《かん》、筆《ひつ》／常磐光長《ときわみつなが》）	
	『鳥獣人物戯画《ちょうじゅうじんぶつぎが》』（4巻《かん》、複数《ふくすう》による筆《ふで》？）	
	『信貴山縁起絵巻《しぎさんえんぎえまき》』（3巻《かん》、筆者不明《ひっしゃふめい》）	
	『年中行事絵巻《ねんちゅうぎょうじえまき》』（60巻《かん》、筆《ひつ》／常磐光長《ときわみつなが》ほか）	

もっと知《し》りたい！ 平清盛《たいらのきよもり》

平清盛《たいらのきよもり》ゆかりの場所《ばしょ》、平安時代《へいあんじだい》のことがわかる博物館《はくぶつかん》、平清盛《たいらのきよもり》についてかかれた本《ほん》などを紹介《しょうかい》します。

資料館《しりょうかん》 博物館《はくぶつかん》

史跡《しせき》 遺跡《いせき》

平清盛《たいらのきよもり》についてかかれた本《ほん》

厳島神社《いつくしまじんじゃ》

神社内《じんじゃない》の宝物館《ほうもつかん》には、平家納経《へいけのうきょう》をはじめ、たくさんの宝物類《ほうもつるい》が展示《てんじ》されている。神社《じんじゃ》のある厳島《いつくしま》（宮島《みやじま》）は「安芸《あき》の宮島《みやじま》」とよばれ、日本三景《にほんさんけい》のひとつ。また、厳島神社《いつくしまじんじゃ》は世界文化遺産《せかいぶんかいさん》となっている。

〒739－0588
広島県廿日市市宮島町《ひろしまけんはつかいちしみやじまちょう》1－1
☎0829－44－2020
http://www.miyajima-wch.jp/jp/itsukushima

厳島神社《いつくしまじんじゃ》は海《うみ》を敷地《しきち》としているめずらしい神社《じんじゃ》。潮《しお》がみちると、本殿《ほんでん》や鳥居《とりい》が海《うみ》にうかんでいるように見《み》える。

蓮華王院《れんげおういん》 三十三間堂《さんじゅうさんげんどう》

後白河上皇《ごしらかわじょうこう》が平清盛《たいらのきよもり》に命《めい》じてたてさせた。千体《たい》もの観音像《かんのんぞう》にかこまれた千手観音《せんじゅかんのん》坐像《ざぞう》は、鎌倉時代《かまくらじだい》につくられたもので、おなじ堂内《どうない》にある風神《ふうじん》・雷神像《らいじんぞう》などとともに国宝《こくほう》に指定《してい》されている。

〒605－0941
京都府京都市東山区三十三間堂廻り町《きょうとふきょうとしひがしやまくさんじゅうさんげんどうまわりまち》657
☎075－561－0467
http://sanjusangendo.jp

本堂内《ほんどうない》には少《すこ》しずつことなる観音像《かんのんぞう》がずらりとならぶ。

六波羅蜜寺《ろくはらみつじ》

平氏政権《へいしせいけん》の中心地《ちゅうしんち》だった六波羅《ろくはら》にある六波羅蜜寺《ろくはらみつじ》。この寺《てら》には、重要文化財《じゅうようぶんかざい》に指定《してい》された清盛《きよもり》とされる木像《もくぞう》があり、庭《にわ》には清盛《きよもり》の供養塔《くようとう》がたっている。

〒605－0813
京都府京都市東山区五条通大和大路上ル東《きょうとふきょうとしひがしやまくごじょうどおりやまとおおじあがるひがし》
☎075－561－6980
http://www.rokuhara.or.jp

六波羅蜜寺《ろくはらみつじ》には、国宝《こくほう》の木造十一面観音立像《もくぞうじゅういちめんかんのんりつぞう》や、口《くち》から六体《たい》の仏《ほとけ》がでているすがたで有名《ゆうめい》な空也上人立像《くうやしょうにんりつぞう》など、多《おお》くの重要文化財《じゅうようぶんかざい》がある。

『絵巻平家物語《えまきへいけものがたり》』全《ぜん》9巻《かん》

文《ぶん》／木下順二《きのしたじゅんじ》 絵《え》／瀬川康男《せがわやすお》
ほるぷ出版《しゅっぱん》 1984〜1991年《ねん》

『絵巻平家物語《えまきへいけものがたり》 清盛《きよもり》』の巻《かん》をはじめとし、忠盛《ただもり》、義経《よしつね》の巻《かん》など全《ぜん》9巻《かん》の構成《こうせい》で、華麗《かれい》な平家物語《へいけものがたり》の世界《せかい》がえがかれている。

さくいん・用語《ようご》解説《かいせつ》

▼大臣《だいじん》やとくにくらいの高《たか》い貴族《きぞく》など、国《くに》の政治《せいじ》にたずさわることのできる役職《やくしょく》のこと。朝廷《ちょうてい》の会議《かいぎ》に出席《しゅっせき》し、重要《じゅうよう》なことを決《き》めることができる。

▼いくつかある藤原氏《ふじわらし》のながれのうち、摂政《せっしょう》や関白《かんぱく》になることのできる家《いえ》がら。

▼天皇《てんのう》がおさないときは摂政《せっしょう》として、成人《せいじん》したら関白《かんぱく》として、天皇《てんのう》にかわって政治《せいじ》をおこなうこと。

▼正式《せいしき》な妻《つま》以外《いがい》に結婚《けっこん》した女性《じょせい》のこと。むかし、身分《みぶん》の高《たか》い家《いえ》がらの男性《だんせい》は、あとつぎの男《おとこ》の子《こ》をもうけるために、複数《ふくすう》の女性《じょせい》と結婚《けっこん》することがふつうだった。

▼国《くに》の政治《せいじ》をおこなう役職《やくしょく》のなかでもっとも高《たか》いくらい。

▼貴族《きぞく》や寺院《じいん》などが、支配《しはい》の権利《けんり》をあたえられた国《くに》。その国《くに》の国司《こくし》を任命《にんめい》できるほか、その国《くに》からの収益《しゅうえき》の大部分《だいぶぶん》をもらうことができる。

▼天皇《てんのう》の妻《つま》のうち、皇后《こうごう》とおなじくらい高《たか》い地位《ちい》のきさきのこと。

■監修

木村　茂光（きむら　しげみつ）

1946年北海道洞爺村生まれ。大阪市立大学大学院博士課程修了後、東京学芸大学講師。現在、同大学教授、日本学術会議会員。歴史学研究会、歴史科学協議会、日本史研究会などの会員。『日本古代・中世畠作史の研究』（校倉書房）、『「国風文化」の時代』（青木書店）、『中世社会の成り立ち』（吉川弘文館）など著書多数。

■文（2～21ページ）

西本　鶏介（にしもと　けいすけ）

1934年奈良県生まれ。評論家・民話研究家・童話作家として幅広く活躍する。昭和女子大学名誉教授。各ジャンルにわたって著書は多いが、伝記に『心を育てる偉人のお話』全3巻、『徳川家康』、『武田信玄』、『源義経』、『独眼竜政宗』（ポプラ社）、『大石内蔵助』、『宮沢賢治』、『夏目漱石』、『石川啄木』（講談社）などがある。

■絵

きむら　ゆういち

1948年東京都生まれ。多摩美術大学卒業。造形教育の指導、テレビ幼児番組のアイディアブレーンなどを経て、絵本･童話作家に。作品に『あかちゃんのあそびえほん』シリーズ（偕成社）、『あらしのよるに』（講談社）、『オオカミグーのなつかしいひみつ』（童心社）、『たれ耳おおかみのジョン』（主婦の友社）など多数ある。

作画協力：奥山　英俊

■主な参考図書

『少年少女伝記読みもの　平清盛』著 / 加藤秀　さ・え・ら書房　1984年

『ジュニアワイド版　日本の歴史2　貴族の世と武士』監修 / 児玉幸多、木村尚三郎　集英社　1990年

『絵で見るたのしい古典6　平家物語』指導 / 萩原昌好、野村昇司　学習研究社　1998年

企画･編集　こどもくらぶ

装丁・デザイン　長江　知子

D　T　P　株式会社エヌ・アンド・エス企画

よんで しらべて 時代がわかる　ミネルヴァ日本歴史人物伝

平清盛

――平氏の黄金期をきずいた総大将――

2011年11月20日　初版第1刷発行　検印廃止

定価はカバーに表示しています

監修者　木村茂光

文　西本鶏介

絵　きむらゆういち

発行者　杉田啓三

印刷者　金子眞吾

発行所　株式会社 ミネルヴァ書房

607-8494　京都市山科区日ノ岡堤谷町1

電話 075-581-5191／振替 01020-0-8076

印刷･製本　凸版印刷株式会社

ISBN978-4-623-06184-6

NDC281/32P/27cm

Printed in Japan

よんでしらべて 時代がわかる
ミネルヴァ 日本歴史人物伝

卑《ひ》弥《み》呼《こ》
監修 山岸良二　文 西本鶏介　絵 宮嶋友美

聖《しょう》徳《とく》太《たい》子《し》
監修 山岸良二　文 西本鶏介　絵 たごもりのりこ

中《なかの》大《おお》兄《えの》皇《おう》子《じ》
監修 山岸良二　文 西本鶏介　絵 山中桃子

聖《しょう》武《む》天《てん》皇《のう》
監修 山岸良二　文 西本鶏介　絵 きむらゆういち

紫《むらさき》式《しき》部《ぶ》
監修 朧谷寿　文 西本鶏介　絵 青山友美

平《たいらの》清《きよ》盛《もり》
監修 木村茂光　文 西本鶏介　絵 きむらゆういち

源《みなもとの》頼《より》朝《とも》
監修 木村茂光　文 西本鶏介　絵 野村たかあき

足《あし》利《かが》義《よし》満《みつ》
監修 木村茂光　文 西本鶏介　絵 宮嶋友美

雪《せっ》舟《しゅう》
監修 木村茂光　文 西本鶏介　絵 広瀬克也

織《お》田《だ》信《のぶ》長《なが》
監修 小和田哲男　文 西本鶏介　絵 広瀬克也

豊《とよ》臣《とみ》秀《ひで》吉《よし》
監修 小和田哲男　文 西本鶏介　絵 青山邦彦

徳《とく》川《がわ》家《いえ》康《やす》
監修 大石学　文 西本鶏介　絵 宮嶋友美

春日《かすがの》局《つぼね》
監修 大石学　文 西本鶏介　絵 狩野富貴子

杉《すぎ》田《た》玄《げん》白《ぱく》
監修 大石学　文 西本鶏介　絵 青山邦彦

伊《い》能《のう》忠《ただ》敬《たか》
監修 大石学　文 西本鶏介　絵 青山邦彦

歌《うた》川《がわ》広《ひろ》重《しげ》
監修 大石学　文 西本鶏介　絵 野村たかあき

坂《さか》本《もと》龍《りょう》馬《ま》
監修 大石学　文 西本鶏介　絵 野村たかあき

西《さい》郷《ごう》隆《たか》盛《もり》
監修 大石学　文 西本鶏介　絵 野村たかあき

福《ふく》沢《ざわ》諭《ゆ》吉《きち》
監修 安田常雄　文 西本鶏介　絵 たごもりのりこ

伊《い》藤《とう》博《ひろ》文《ぶみ》
監修 安田常雄　文 西本鶏介　絵 おくやまひでとし

板《いた》垣《がき》退《たい》助《すけ》
監修 安田常雄　文 西本鶏介　絵 青山邦彦

与《よ》謝《さ》野《の》晶《あき》子《こ》
監修 安田常雄　文 西本鶏介　絵 宮嶋友美

野《の》口《ぐち》英《ひで》世《よ》
監修 安田常雄　文 西本鶏介　絵 たごもりのりこ

宮《みや》沢《ざわ》賢《けん》治《じ》
文 西本鶏介　絵 黒井健

27cm　32ページ　NDC281　オールカラー
小学校低学年～中学生向き

日《に》本《ほん》の歴《れき》史《し》年《ねん》表《ぴょう》

時代《じだい》	年《ねん》	できごと	このシリーズに出《で》てくる人物《じんぶつ》
旧石器時代《きゅうせっきじだい》	四〇〇万年前《まんねんまえ》～	採集《さいしゅう》や狩《か》りによって生活《せいかつ》する	
縄文時代《じょうもんじだい》	一三〇〇〇年前《ねんまえ》～	縄文土器《じょうもんどき》がつくられる	
弥生時代《やよいじだい》	前《ぜん》四〇〇年《ねん》ごろ～	稲作《いなさく》、金属器《きんぞくき》の使用《しよう》がさかんになる	
		小《ちい》さな国《くに》があちこちにできはじめる	卑弥呼《ひみこ》
古墳時代《こふんじだい》	二五〇年ごろ～	大和朝廷《やまとちょうてい》の国土統一《こくどとういつ》が進《すす》む	
飛鳥時代《あすかじだい》	五九三	聖徳太子《しょうとくたいし》が摂政《せっしょう》となる	聖徳太子《しょうとくたいし》
	六〇七	小野妹子《おののいもこ》を隋《ずい》におくる	
	六四五	大化《たいか》の改新《かいしん》	中大兄皇子《なかのおおえのおうじ》
	七〇一	大宝律令《たいほうりつりょう》ができる	
奈良時代《ならじだい》	七一〇	都《みやこ》を奈良《なら》（平城京《へいじょうきょう》）にうつす	
	七五二	東大寺《とうだいじ》の大仏《だいぶつ》ができる	聖武天皇《しょうむてんのう》
平安時代《へいあんじだい》	七九四	都《みやこ》を京都《きょうと》（平安京《へいあんきょう》）にうつす	
		藤原氏《ふじわらし》がさかえる	
		『源氏物語《げんじものがたり》』ができる	紫式部《むらさきしきぶ》
	一一六七	平清盛《たいらのきよもり》が太政大臣《だいじょうだいじん》となる	平清盛《たいらのきよもり》
	一一八五	源氏《げんじ》が平氏《へいし》をほろぼす	
鎌倉時代《かまくらじだい》	一一九二	源頼朝《みなもとのよりとも》が征夷大将軍《せいいたいしょうぐん》となる	源頼朝《みなもとのよりとも》
	一二七四	元《げん》がせめてくる	
	一二八一	元《げん》がふたたびせめてくる	
	一三三三	鎌倉幕府《かまくらばくふ》がほろびる	
南北朝時代《なんぼくちょうじだい》	一三三六	朝廷《ちょうてい》が南朝《なんちょう》と北朝《ほくちょう》にわかれ対立《たいりつ》する	
	一三三八	足利尊氏《あしかがたかうじ》が征夷大将軍《せいいたいしょうぐん》となる	
	一三九二	南朝《なんちょう》と北朝《ほくちょう》がひとつになる	足利義満《あしかがよしみつ》